Marga Coll · Tomeu Pinya

Las recetas de miceli

para cocinar en familia

DOLMEN
EDITORIAL

Las recetas de Miceli para cocinar en familia

© 2024 Plan B Publicaciones SL, sobre la presente edición
© de la obra: Marga Coll
© de las ilustraciones: Tomeu Pinya

Este libro ha sido publicado con la ayuda de

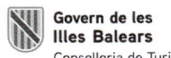

ISBN: 978-84-10390-08-9
Depósito Legal: PM 00469-2024

info@dolmeneditorial.com
Primera edición: junio de 2024

Autores: Marga Coll (texto) y Tomeu Pinya (dibujo)
Ilustración de portada: Tomeu Pinya
Diseño de portada: David Saavedra
Diseño y maquetación interior: David Saavedra
Corrección: Neus Ribas
Editor: Vicente García
Dirección: Javier Matesanz
Coordinación: Silvia Portell

www.dolmeneditorial.com

Para Andreu y Mar

Agradecimientos

Gracias, Elisabet, por ayudarme a escribir este libro.

Gracias por poner palabras a lo que yo sé decir desde los fogones.

Gracias, Tomeu Arbona, por compartir con todos nosotros tu sabiduría.

Gracias, Miguel Ángel Barrios, por ayudarme a hacer el mejor pregón del mundo.

Decidme una fiesta y os diré una comida. ¿Navidad? Porcella.
Decidme una celebración y os diré un plato. ¿Pascua? Panades.
Decidme un día de la semana y os diré el menú. ¿Jueves? Toca legumbres.
Decidme un momento de felicidad y os diré A LA MESA.

Cocinar es...
preparar lo que más te gusta,
reunión en familia,
pensar en los demás,
regalar nuestro tiempo,
una manera de decir "te quiero". (*)

(*) Extraído del pregón de fiestas de Sant Llorenç 2017, en Selva.

En este libro encontraréis doce recetas que forman parte de la cocina tradicional mallorquina, hecha a partir de los productos frescos de temporada; y por eso están distribuidas por meses. No es una distribución arbitraria. No tiene sentido hacer un tumbet en invierno y un lomo con col en verano. No deben verse nunca como recetas herméticas, cerradas. Esto quiere decir que se han de adaptar a lo que tenemos en la despensa o a lo que encontramos en el mercado, ya que no siempre tenemos a nuestra disposición los mismos ingredientes. Y tampoco son inalterables, porque tenemos que escuchar, hacer caso y aprender de quienes las han cocinado toda la vida, los que saben de verdad. Tenéis en las manos doce recetas tal y como las hemos hecho en casa, porque todo el mundo sabe que hay tantas maneras diferentes de hacerlas como casas en Mallorca. Platos más o menos elaborados para hacer en familia, para reunirse. Y aunque siempre sean los adultos los que preparan la comida, la cocina es un lugar donde se comparten conocimientos, emociones, historias, batallitas... y que a mí me han hecho ser quien soy.

Últimas indicaciones importantes antes de empezar:

- Las recetas están pensadas para 4 personas. Si hay que hacerlas para más o menos personas, simplemente adaptarlas proporcionalmente.

- Es muy importante utilizar siempre productos de temporada; los productos congelados o fuera de temporada no son tan gustosos ni nutritivos.

- Utilizar aceite de oliva virgen extra.

- A medida que se vaya siguiendo la receta, probar y rectificar de sal y especies.

- Al hacer pastas (panades, espinagada y coca), comprobad que la base está cocida antes de sacarla del horno.

- Si no tenéis báscula, cuando vayáis a comprar pedid que os pongan el peso justo de cada ingrediente que necesitéis; para calcular los otros ingredientes, como los líquidos, podéis utilizar cucharadas (5 ml de café o 17 ml de sopa) y tazas (90 ml de café y 150 ml de café con leche).

Símbolos que hay que conocer:

ALÉRGENOS

gluten	apio	crustáceos	soja	huevo	leche	pescado

mostaza	cacahuetes	sésamo	frutos con cáscara	marisco	sulfitos	altramuces

RELOJ TIEMPO
preparación/elaboración

Símbolo de atención

Si el paso marcado debe hacerse con la supervisión de un adulto, como sacar cosas del horno, freír, etc.

ÍNDICE

Enero
"Espinagada" de Sa Pobla

Pág. 12

Febrero
"Escaldums"

Pág. 16

Marzo
"Panades"

Pág. 20

Abril
Pescado al horno

Pág. 24

Mayo
Conejo con cebolla

Pág. 28

Junio
Calamarines rellenos

Pág. 32

ENERO "Espinagada" de Sa Pobla

Podríamos decir que la "espinagada" es una de las "panades" más primitivas que existen. En muchos recetarios de la cocina judía sefardí se hace referencia con el nombre de "tapada". La comían los viernes en la fiesta del sabbat. Tiene esta forma rústica porque la preparaban personas que trabajaban mucho y no tenían demasiado tiempo. Ahora es un plato que se prepara para celebrar "Sant Antoni", y en Sa Pobla, donde es más típica, la hacen picante. Aquí tenéis la versión hecha con lomo y carne, pero también se puede preparar con anguila o cazón y espinacas.

1 h 45'

Ingredientes

Para la pasta

½ kg de harina de pan
50 g de manteca derretida
50 ml de aceite de oliva
100 ml de agua tibia

Para el relleno de col

250 g de lomo cortado
de dos colores
1 trozo de panceta en dados.
1 col mediana
1 coliflor pequeña
1 manojo de cebollas tiernas
2 puerros medianos
5 ajos
50 g de pasas
Aceite de oliva
Pimienta picante
Pimienta dulce
Sal

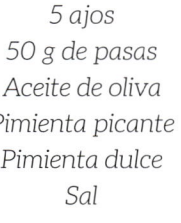

Elaboración

1. Limpiad todas las verduras y cortadlas en trocitos pequeños; condimentadlas con sal, pimienta, pimienta dulce, pimienta picante y un buen chorro de aceite de oliva.

2. Condimentad el lomo y el tocino con sal, pimienta, pimentón dulce y picante, y un chorrito de aceite de oliva.

3. Poned la harina en un recipiente y haced un hoyo en el centro; poned aquí el aceite, la manteca derretida y el agua tibia.

4. Amasad todos los ingredientes hasta que consigáis una pasta que no se pegue en las manos y dejadla reposar unos 15 minutos.

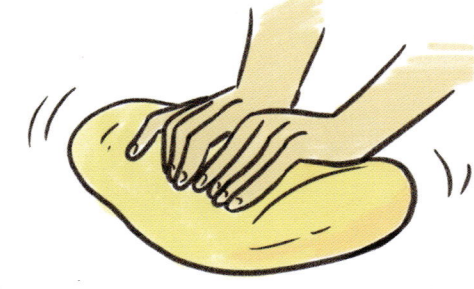

Toque de la chef

En vez de hacer una "espinagada" grande, quedará muy bien si hacéis individuales. Sólo tendréis que reducir el tiempo de horno a media hora aproximadamente.

5. Esparcid harina sobre la mesa para que no se pegue la pasta y con la ayuda de un rodillo aplanadla hasta que quede fina.

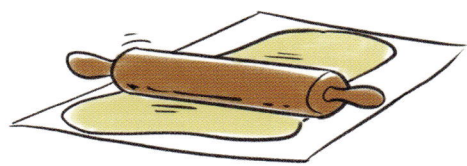

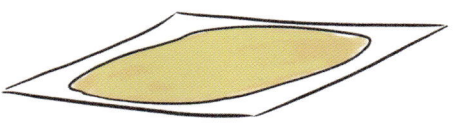

6. Colocadla sobre un papel de horno con un poco de harina espolvoreada.

7. Poned una capa de verduras en medio de la pasta y después colocad los trozos de lomo a cada lado, un poco de panceta y las pasas.

8. Poned otra capa de verduras más fina encima y con la ayuda del papel tapadla con la pasta, de manera que quede bien cerrada; y cuidado con las esquinas.

9. Hornead las "espinagades" durante 45-50 minutos a 160 grados; antes de sacarlas del horno, mirad que la base esté bien hecha.

¡Cuidado!

Es importante que los pliegues, aparte de ser delgados, queden bien sellados para que no se vierta el jugo en el horno.

FEBRERO "Escaldums"

Antiguamente hacía referencia a un caldo que se preparaba con las carcasas de las aves en Navidad en las casas señoriales; de este modo tenían un guiso de huesos con el cual satisfacían la ilusión de los criados de comer carne. Era un guiso dulce, con fruta seca, pechuga y muslos. Hay muchas maneras diferentes de hacer "escaldums"; se pueden preparar con diferentes aves e, incluso, acabados en el horno y tapados con pasta de ensaimada. El nombre de "escaldums" proviene del hecho de que con el caldo se escaldaban sopas.

1 h 10'

Ingredientes

½ pollo de campo,
cortado en ocho trozos.
200 g de carne picada
de cerdo negro mallorquín
50 gr de sobrasada
2 cebollas grandes
1 cabeza y media de ajos
1 l de caldo de pollo
½ vaso de vino de jerez
1 huevo
100 g de almendras
tostadas
Harina
Aceite de oliva
Mejorana
Perejil
Pimienta
Sal

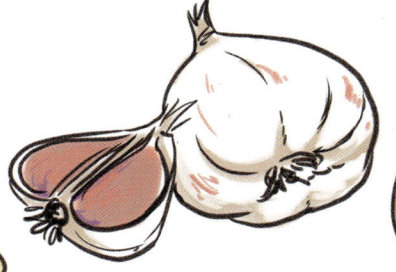

Elaboración

1. Poned en el fuego una cazuela con un buen chorro de aceite de oliva.

2. Condimentad el pollo con sal y pimienta, enharinadlo y doradlo en el aceite de oliva bien caliente.

3. Pelad las cebollas y cortadlas en dados pequeños.

4. Sofreír la cebolla en el mismo aceite del pollo, con el fuego lento.

5. Añadid la cabeza de ajos entera y cuando esté cocida, añadid el pollo y el vino de jerez.

6. Añadid el caldo a la cazuela y tapadla con una tapa; dejadlo cocer a fuego lento durante unos 15 minutos.

Toque de la chef

Podéis sustituir el pollo por pintada y servir la sopa con chips de boniato.

7. Picad muy fino un ajo pelado, un poco de mejorana y de perejil; mezcladlo con la sobrasada, la carne picada y el huevo, y condimentadlo con sal y pimienta.

8. Dadle forma a las albóndigas, enharinadlas y freídlas en una sartén con un poco de aceite de oliva, hasta que estén doradas.

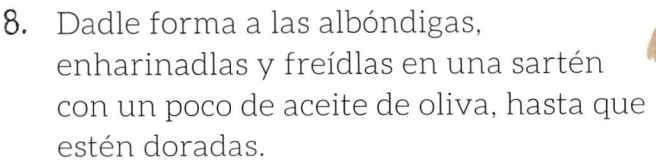

9. Escurrid bien el aceite al sacar las albóndigas de la sartén y metedlas en la cazuela con el pollo; dejadlo cocer durante 20 minutos.

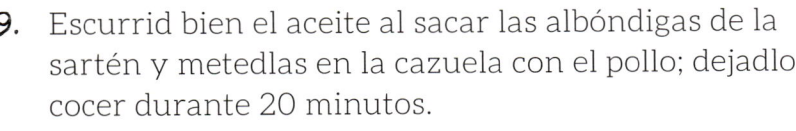

10. Preparad una majada con ajo pelado, un poco de mejorana, las almendras y un poco de caldo de los "escaldums".

11. Añadid el picadillo a los "escaldums" y dejad que hagan chup-chup durante 5 minutos más.

¡Cuidado!

Si hacéis la majada con la batidora eléctrica, id con cuidado con los dedos.

Removed a menudo durante los 5 últimos minutos, porque es muy fácil que los "escaldums" se peguen y se quemen.

MARZO "Panades"

Son nuestro *fast food*. Es como una fiambrera de pasta; su origen es judío y, como la "espinagada", tiene relación con la fiesta del Sabbat. Si bien ahora es pequeña y nos la podemos comer en cualquier sitio o momento, antes la comían sentados, como si fuera un plato, para comer.

Actualmente no ponemos huesos ni espinas, pero antes las "panades" eran de lo que había en casa; aunque hoy la conocemos de carne y guisantes o de cazón, antes se rellenaban de todo tipo de pescados que hoy ni imaginaríamos.

1 h 30'

Ingredientes
para hacer 8 "panades"

Para la pasta
1 kg de harina
200 g de manteca
250 ml de agua
200 ml de aceite

Para las "panades" de pescado
½ kg de cazón
1 manojo de perejil
1 manojo de cebollas tiernas
Aceite de oliva
Pimienta
Pimentón
Sal

Para las "panades" de carne
1 paletilla de cordero, deshuesado y sin grasa
200 g de guisantes congelados tiernos
1 manojo de cebollas tiernas
1 loncha de panceta salada
1 trozo de sobrasada
Aceite de oliva
Pimienta
Pimentón
Sal

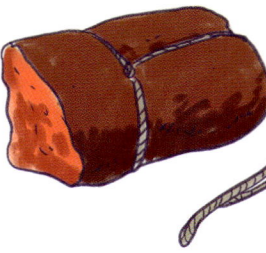

Elaboración

1. Poned la harina en un recipiente y haced un hueco en medio; poned dentro del hueco el aceite, la manteca derretida y el agua tibia.
2. Amasad todos los ingredientes hasta que consigáis una pasta que no se pegue a las manos y dejadla reposar unos 15 minutos.

3. Preparad el relleno:

4. Limpiad el perejil y las cebollas tiernas y picadlos; ponedlos en un recipiente con el pescado cortado en dados y aliñado con aceite, sal, pimienta y pimentón. Y lo reserváis.

5. Limpiad las cebollas tiernas, mezcladlas con los guisantes descongelados, la carne cortada en dados, condimentadlo todo y lo reserváis.

6. Dividid la pasta en 12 partes iguales y haced bolas de 8 de estas partes.

Toque de la chef

El relleno se puede hacer de muchas maneras diferentes. Podemos utilizar salmonetes de roca, sepia, gambas...

Si las hacéis en formato mini, es un aperitivo perfecto para cualquier celebración.

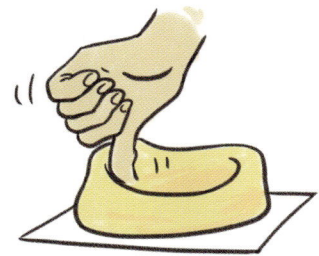

7. Coged un cuadrado de papel de horno, colocad una bola de pasta e id levantando las paredes clavando los dedos gordos en el centro de la bola, hasta que quede como una cajita redonda con las paredes muy finas.

8. Rellenad las "panades" o bien con el pescado que habéis preparado, o bien con la carne añadiendo un trocito de panceta y uno de sobrasada.

9. Cortad en dos cada trozo de pasta que hemos guardado y aplanarlos dándoles forma redonda con un rodillo para hacer las 8 tapas.

10. Colocad la tapa encima de la "panada" y sellad los bordes con los dedos.

11. Horneadlas a 190 grados, 40 minutos para las de pescado y 50 minutos para las de carne.

¡Cuidado!

Es muy importante que la parte de debajo de la "panada" esté bien hecha; mirad que tengan color o solera antes de sacarlas del horno.

ABRIL Pescado al horno

Es una receta marinera que se hacía con las piezas enteras del pescado que habían capturado. Antiguamente lo preparaban con todas las verduras en crudo, rodajas de tomate encima; en algunas casas, también exprimían dos naranjas. En el interior de Mallorca a menudo se hacía con bacalao. Así como hay platos que han ido cambiando con el tiempo, el pescado al horno se continua preparando de la misma manera en que lo hacían nuestros antepasados.

1 h

Ingredientes

4 trozos de pescado de temporada,
sin espinas.
400 g de patatas
1 manojo de cebollas tiernas
7 ajos
5 tomates de "ramallet"
½ pimiento verde de "trempó"
o ¼ de pimiento rojo
200 g de setas de temporada
2 manojos de espinacas
¼ de manojo de perejil
10 g de pasas
5 g de piñones
Pimentón ("tap de cortí")
Aceite de oliva
Pimienta
Sal

Elaboración

1. Pelad las patatas, cortadlas en rodajas y dejadlas en remojo en agua.

2. Limpiad todas las verduras y peladlas:

   - Los ajos, laminados
   - El pimiento y las cebollas tiernas, en dados pequeños
   - Las espinacas, las setas y el perejil, en trozos grandes.
   - Los tomates, rallados.

3. Preparad una sartén con aceite de oliva y 4 ajos aplastados, y freíd las patatas con fuego no muy fuerte. Sacad las patatas del aceite cuando estén blandas y doradas.

4. Escurrid bien el aceite, condimentad las patatas con un poco de sal y colocadlas en una bandeja de horno.

5. En una olla, poned un poco de aceite y sofreíd los ajos y los pimientos; añadid el perejil cuando los ajos estén dorados.

Toque de la chef

También puede hacerse el pescado gratinado a la mallorquina si mezcláis 6 cucharadas de alioli con el sofrito.

6. Incorporad las setas y condimentad con sal y pimienta.

7. Añadid el tomate rallado y la cebolla tierna, y dejadlo cocer a fuego lento hasta que el tomate esté hecho.

8. Añadid un poco de pimentón, las pasas, los piñones y las espinacas.

9. Dejadlo cocer 2 o 3 minutos y retiradlo del fuego.

10. Condimentad los trozos de pescado con un poco de sal y ponedlos sobre las patatas.

11. Cocedlo en el horno ya caliente a 210 grados durante 5 minutos.

12. Sacadlo del horno y cubrid el pescado con el sofrito que hemos preparado y hornead 5 minutos más.

13. Servid con unas ramitas de hinojo fresco y piñones tostados.

¡Cuidado!

Si los filetes de pescado son muy finos, reducid la primera cocción a 1 minuto.

MAYO Conejo con cebolla

Esta manera de preparar el conejo con cebolla es muy antigua; y esto lo sabemos porque el sofrito no lleva tomate. Antiguamente, antes de preparar el conejo como lo hacemos ahora, lo hervían o los asaban y después lo cocinaban con la cebolla. Si no os gusta el conejo, podéis preparar esta misma receta con un pollo de campo.

1 h

Ingredientes

1 y ½ conejo cortado en trozos grandes
8 cebollas
Una cabeza de ajos
3 hojas de laurel
1 vaso pequeño de vino de jerez
50 g de piñones
Aceite
Sal
Pimienta

Elaboración

Toque de la chef

Se pueden añadir gambas mallorquinas y queda un plato de mar y montaña buenísimo.

1. Pelad las cebollas y cortadlas en juliana

2. Haced pequeños cortes en toda la cabeza de ajos

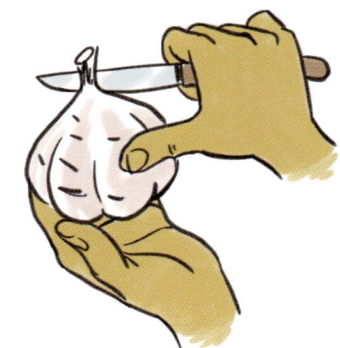

3. Sofreíd el conejo con aceite de oliva caliente dentro de una cazuela durante 10 minutos y condimentadlo con sal y pimienta.

4. Añadid la cebolla en juliana, la cabeza de ajos entera y las hojas de laurel cortadas por la mitad, y condimentadlo con sal y pimienta.

5. Tapad la cazuela y dejadlo cocer a fuego lento unos 15 minutos.

6. Añadid el vaso de jerez y los piñones.

7. Dejadlo cocer destapado durante 15 minutos más.

¡Cuidado!

Procurad que la cebolla no se pegue.

JUNIO Calamarines rellenos

Es un plato que se ha preparado desde siempre. En la receta de este libro los calamarines los hacemos rellenos solo con sus patas, con pasas y piñones, pero hay muchas versiones más. Se pueden rellenar con carne, y es un plato de mar y montaña. O también un relleno muy curioso: de coca de patata con manzana.

1 h

Ingredientes

8 calamarines limpios
(con las patas y las aletas)
2 manojos de cebollas tiernas
4 ajos
1/3 de manojo de perejil
300 ml de tomate triturado
20 g de pasas
5 g de piñones
½ pimiento rojo
½ litro de caldo de pescado
Aceite de oliva
Pimentón
Pimienta
Sal

Elaboración

1. Pelad los ajos y cortadlos en láminas.

2. Limpiad el pimiento y cortadlo en dados pequeños.

3. Limpiad las cebollas tiernas y cortadlas aprovechando la parte verde.

4. Limpiad el perejil y cortadlo en trozos pequeños.

5. Sofreíd los ajos en una cazuela con un chorro de aceite de oliva, y cuando estén dorados añadid el pimiento rojo, después el perejil y la cebolla tierna y, tras unos minutos, el tomate triturado.

6. Condimentad la salsa que acabáis de hacer con sal, pimienta y pimentón.

7. Añadid las patas y las aletas cortadas a trozos pequeños.

Toque de la chef

Si es temporada, podéis añadir algún rebozuelo o alguna otra seta al relleno.

Y si tenéis una manga pastelera, lo podréis rellenar más rápido que con una cucharilla.

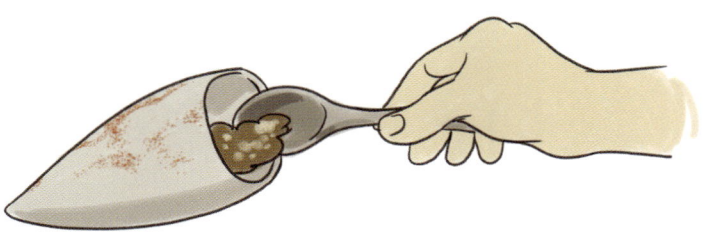

8. Añadid las pasas y los piñones.

9. Coced a fuego lento unos 15 minutos, hasta que el tomate esté cocinado, removiendo de tanto en tanto para que no se pegue.

10. Reservad ¾ partes de este sofrito para rellenar los calamarines y dejadlo enfriar.

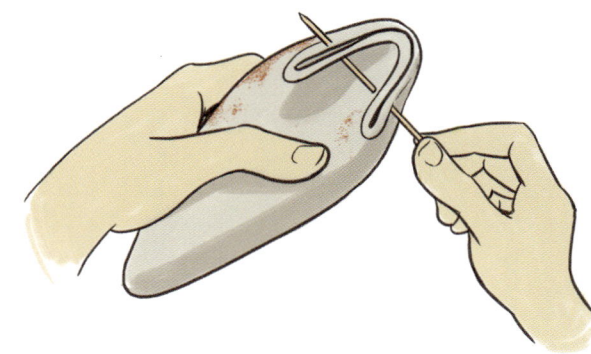

11. Rellenad los calamarines con la ayuda de una cucharita.

12. Cerradlos con palillos para que no se salga el relleno al cocinarlos.

13. Ponedlos dentro del sofrito y tapadlos con caldo de pescado.

14. Dejadlo cocer durante 10 minutos aproximadamente.

¡Cuidado!

No os hagáis daño cuando cerréis los calamarines con el palillo, ¡pinchan!

JULIO Coca de "trempó"

Las cocas también forman parte del fast food mallorquín; se pueden preparar de muchas maneras diferentes, pero en verano, siempre de "trempó" o de pimientos asados. Para que esté buena, la pasta ha de ser fina y crujiente. A mi padre le gustaba mucho comerla con uva.

1 h 10'

Ingredientes

Para hacer la pasta
150 mi de agua
75 ml de aceite de oliva
7,5 g de levadura de pan
7 g de sal
Harina
Para hacer el "trempó"
1 kg de tomates maduros
2 cebollas blancas
4 pimientos de "trempó"
2 ajos
½ manojo de perejil
Aceite de oliva
Pimienta
Sal

Elaboración

1. Poned en un recipiente la harina, haced un hueco en medio y poned agua tibia; en el agua disolved la levadura y después añadid el aceite y la sal.

2. Amasad todos los ingredientes hasta que consigáis una pasta que no se pegue a las manos y dejadla reposar unos 30 minutos.

3. Limpiad las verduras y cortadlas en juliana.

4. Mezclad las verduras con el ajo y el perejil picados, y condimentadlo todo con aceite, sal y pimienta.

5. Dejadlo en un colador para que vaya perdiendo el agua.

Toque de la chef

Se pueden hacer cocas individuales y servirlas con un poco de sepia salteada y ensalada.

¡Cuidado!

Aseguraros que las verduras tengan el mínimo de agua para que la pasta quede bien crujiente.

6. Aplanad la pasta en una bandeja del horno untada con un poco de aceite de oliva para que no se pegue.

7. Pinchad la pasta con un tenedor y hornearla 8 minutos a 180 grados.

8. Poned el "trempó" bien distribuido sobre la pasta y horneadlo 18 minutos más a 190 grados.

AGOSTO "Tumbet"

Mi plato preferido. Hay muchas recetas diferentes, con calabacín, pimientos rojos asados... pero en mi casa solo lleva berenjenas, tomates, patatas y ajos. Se puede comer frío, caliente, con un huevo frito, con carne o con pescado. Aun así, tal y como lo conocemos hoy es un plato tardío. Todos los productos de América llegaron muy tarde. Al principio sólo lo hacían con berenjena y tomate, y no le llamaban "tumbet", sino "tombet".

1 h 45'

Ingredientes

4 patatas
2 berenjenas
3 pimientos de "trempó"
8 tomates maduros
Una cabeza de ajos
1 litro de aceite de oliva
Laurel
Sal
Pimienta

Elaboración

1. Pelad las patatas, cortadlas en rodajas y dejadlas en remojo en agua.

2. Limpiad los pimientos, las berenjenas y los tomates.

3. Cortad las berenjenas en rodajas y condimentadlas con un poco de sal.

4. Preparad una sartén con aceite de oliva y 4 ajos aplastados, poned el fuego no muy fuerte y freíd las patatas.

5. Sacad las patatas del aceite cuando estén blandas y doradas.

6. Escurrid bien el aceite, condimentadlas con un poco de sal y colocadlas en una bandeja del horno.

7. Freíd las berenjenas en el mismo aceite que las patatas, con el fuego un poco más fuerte.

8. Escurrid el aceite de las berenjenas y colocadlas sobre las patatas.

Toque de la chef

Podéis emplatar el "tumbet" como un timbal, con un molde, y poner una hoja de laurel encima para decorar. Si queréis, podéis acompañarlo con un huevo frito, chuletas de cordero rebozadas, pescado frito... Con salmonetes queda buenísimo.

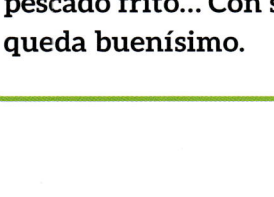

9. Cortad los pimientos en dados y freídlos con los ajos aplastados y las hojas de laurel.

10. Escurridlos, condimentadlos con sal y ponedlos encima de las berenjenas.

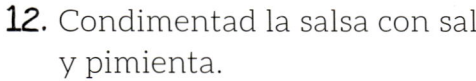

11. Quitad ¾ partes del aceite de la sartén y colocad los tomates enteros dentro, con más ajos aplastados y laurel.

12. Condimentad la salsa con sal y pimienta.

13. Cocinadla poco a poco durante una hora más o menos y removed de vez en cuando, hasta que quede una salsa de tomate bien confitada.

14. Pasadla por el pasapuré para quitar pieles y semillas y después ponedla encima de las verduras.

¡Cuidado!

No os queméis al quitar el aceite caliente de la sartén ni al pasar la salsa de tomate por el pasapuré.

15. Poned el horno a a 160 grados y, cuando esté caliente, meted el "tumbet" durante 10 minutos.

SEPTIEMBRE Berenjenas rellenas con salsa de tomate asada

Hay muchas recetas de verduras rellenas pero, por excelencia, la más representativa es la de berenjenas. Podemos encontrarlas en todo el Mediterráneo y conocemos pocas variedades, pero también se pueden rellenar de pescado. Es una receta que poco a poco se va perdiendo. En muchas casas ya no se hace porque es un proceso laborioso y difícil. Es un plato perfecto tanto para comer frío como caliente.

2 h

Ingredientes

4 berenjenas
400 g de carne picada
de cerdo negro
2 huevos
6 ajos
2 kg de tomates maduros
4 patatas harina
1 l de aceite de oliva
Mejorana
Laurel
Perejil
Pimienta
Sal

Elaboración

1. Pelad las patatas y cortadlas en rodajas. Dejadlas en remojo en el agua mientras preparáis el aceite.

2. Preparad una sartén con aceite de oliva y 4 ajos aplastados, el fuego no muy fuerte y freíd las patatas.

3. Sacad las patatas del aceite cuando estén blandas. Escurrid bien el aceite, condimentadlas con un poco de sal y colocadlas en una bandeja del horno.

4. Limpiad las berenjenas y quitadles el tallo; cortadlas de arriba abajo en dos mitades.

5. Hervid las berenjenas durante tres minutos en agua abundante.

6. Vaciad la pulpa con una cuchara. Guardad la piel y picad la pulpa.

7. Pelad dos ajos, el perejil y la mejorana; picadlo y mezcladlo con los huevos, la carne de la berenjena y condimentadlo con sal y pimienta.

¡Cuidado!

Cuidado no os queméis con las salpicaduras de las berenjenas cuando se fríen. Alerta también al pasar la salsa de tomate por el pasapuré.

8. Rellenad las berenjenas. Enharinadlas berenjenas rellenas y freídlas en el mismo aceite donde hemos freído las patatas.

9. Doradlas por cada lado y colocadlas sobre las patatas fritas.

10. Quitad ¾ partes del aceite de la sartén y colocad dentro los tomates enteros con más ajos aplastados y más laurel.

11. Condimentad la salsa con sal y pimienta.

12. Cocinad poco a poco durante una hora más o menos y removed de vez en cuando, hasta que quede una salsa de tomate bien confitada.

13. Pasadla por el pasapuré para quitar las pieles y las semillas, y después ponedla encima de las berenjenas.

14. Tapad la bandeja con papel de plata y metedla en el horno ya caliente a 180 grados durante 12 minutos.

Toque de la chef

En Miceli le damos forma de canelón utilizando la piel de la berenjena, servido con un poco de cebolla crujiente y una hoja de laurel para decorar.

OCTUBRE Lomo con col

Otra receta icónica de la cocina mallorquina. Es un plato muy gustoso que se hacía en tiempo de matanzas para aprovechar la parte más noble del cerdo: el lomo.

1 h 45'

Ingredientes

8 trozos de lomo
de cerdo negro de dos colores
1 col rizada pequeña
100 g de panceta
de cerdo negro
200 g de carne picada
de cerdo negro
2 butifarrones
1 trocito de sobrasada
2 cebollas
3 ajos
300 g de zanahoria
8 tomates de "ramallet"
5 g de piñones
20 g de pasas
½ vaso de vino tinto
Mejorana
Aceite de oliva
Pimienta
Sal

Elaboración

1. Limpiad todas las verduras, peladlas y cortarlas:

   - 2 ajos en láminas y 1 ajo picado bien pequeño
   - Las cebollas, en dados
   - La zanahoria, en dados pequeños
   - Los tomates, rallados
   - La mejorana, picada
   - Separad las hojas de la col y cortad el nervio.
   - Cortad el corazón de la col en dados pequeños y reservadlo.

2. Escaldad en agua hirviendo las hojas de col durante 30 segundos, coladlas y reservadlas.

3. Haced el relleno mezclando la carne picada, la mejorana, el ajo picado, un butifarrón cortado en dados, las pasas, los piñones y una parte de la sobrasada hecha bolitas; condimentadlo con sal y pimienta.

4. Haced los paquetitos preparando cuatro trozos de lomo. Repartid el relleno por encima de cada trozo y tapadlos con los trozos de lomo que quedan, condimentándolos con sal y pimienta. Y haced cuatro paquetitos de col con dos hojas cada uno.

¡Cuidado!

Quitamos el nervio de la col para que el tiempo de cocción sea uniforme.

50 las recetas de miceli

5. Poned en una cazuela un chorro de aceite y la panceta cortada en dados; cuando esté dorada, añadid los ajos y las cebollas, y cuando esté cocido, añadid la zanahoria y el corazón de la col. Pasados unos minutos, añadid los tomates de "ramallet" rallados y condimentadlo con sal y pimienta.

6. Añadid al sofrito el butifarrón en rodajas y lo que nos queda de sobrasada.

7. Coced a fuego lento hasta que el tomate esté confitado (unos 15-20 minutos).

8. Añadid el vaso de vino tinto, un vaso de agua, y meted los paquetitos de lomo con col.

9. Cocinadlo a fuego lento tapado durante 30/40 minutos.

Toque de la chef

También podéis hacer esta misma receta con codornices deshuesadas o con tordos.

Podéis acompañar el plato con chips de boniato o con puré de calabaza.

NOVIEMBRE arroz "brut"

El nombre de "brut" le viene del color oscuro del caldo, que mezclaban con sangre de liebre o de conejo, junto a las especias y la picada con el hígado. Es una receta que se hacía con las hortalizas que había y con la carne de caza que se tenía. Antiguamente era un plato de fiesta mayor; cuando había una gran celebración se preparaba arroz "brut". Hoy difiere mucho de cómo se hacía, porque ya no comemos carne de caza y se han ido añadiendo muchos ingredientes que antes no se ponían.

1 h 45'

Ingredientes

300 g de arroz bomba
3 l de caldo de pollo
250 g de costilla de cerdo negro
250 g de pollo de campo
250 g de conejo
1 codorniz o 2 tordos
1 hígado de conejo
4 judías planas
2 alcachofas
50 g de setas
1 cebolla
4 tomates de "ramallet"
Un poco de sobrasada
Un poco de perejil
Especias de arroz "brut"
Aceite
Sal
Pimienta

Elaboración

1. Preparad la cebolla picada, limpiad las setas, rallad los tomates, cortad las judías en trozos con las manos, dos ajos en láminas y las alcachofas, limpias y en remojo con unas gotas de limón.

2. Cortad la carne en dados y sofreídla en una cazuela con un poco de aceite de oliva.

3. Condimentadlo con sal y pimienta, y cuando la carne esté dorada, retiráis el hígado de conejo e introducís los ajos y la cebolla.

4. Cuando la cebolla esté confitada, añadid las setas, la sobrasada y el tomate rallado.

5. Añadid el caldo cuando el tomate esté cocinado

Toque de la chef

Si reducís la cantidad de caldo podéis hacer un arroz meloso y le podéis añadir un toque de trufa fresca.

6. Dejad hervir unos 15 minutos y añadid las especias de arroz "brut".

7. Preparad la picada en un mortero con ajo, perejil y el hígado de conejo; cuando esté bien picado, añadid a la picada un poco del caldo para aclararla.

8. Tirad el arroz, las alcachofas y las judías y cocinad a fuego lento durante 12 minutos.

9. Añadid la picada y dejadlo en el fuego dos minutos más.

¡Cuidado!

Es muy importante que el arroz no se pase de cocción. Se tiene que comer en cuanto esté en su punto

DICIEMBRE Sopa rellena

Es siempre el primer plato del día de Navidad en mi casa. Antiguamente, era muy diferente: eren unas sopitas rellenas de carne picada o de una especie de pasta de croqueta, y con esto hacían "lenguas del papa", que después escaldaban en el caldo y a las cuales llamaban "sopas de señor" o "sopas de la reina". Como lo comemos ahora es una importación de Cataluña, donde se solían aprovechar los huesos del pavo, que se preparaba relleno, para hacer un caldo muy gustoso y contundente.

3 h para el caldo
40' para la sopa rellena

Ingredientes

Para hacer el caldo

½ gallina
200 g de carne de ternera con hueso
200 g de espinazo de cerdo
1 puerro
1 tomate de "ramallet"
3 zanahorias
1 brote de apio
2 brotes de mejorana
6 l de agua
Sal

Para hacer el relleno

300 g de carne picada
de cerdo negro
2 ajos pequeños
3 huevos
5 ramitas de perejil
3 ramitas de mejorana
Sal
Pimienta
250 g de sopa de galet

Elaboración

1. Limpiad las verduras, cortadlas en trozos grandes y ponedlas en una olla grande con la carne y el agua; poned sal y dejadla hervir durante 3 horas a fuego medio.

2. Preparad el relleno picando mucho los ajos, el perejil y la mejorana.

3. Mezcladlo todo con la carne picada y los huevos, y condimentad bien de sal y pimienta.

¡Cuidado!

Retirad la grasa y las impurezas que puedan salir del caldo; es muy importante que la sopa quede bien rellena, porque si no es así, cuando hierve, el relleno se sale.

🖋 Toque de la chef

Podéis guardar la carne que hemos utilizado para el caldo para hacer canelones o ropa vieja.

Podéis añadir un toque de vino oloroso al relleno.

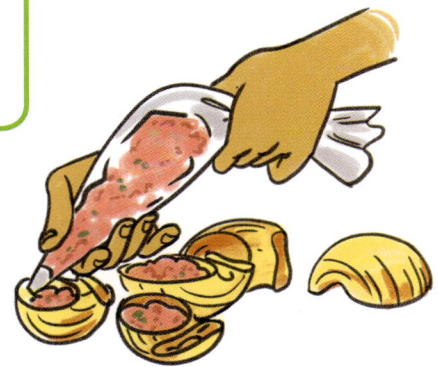

4. Rellenad los "galets" con la ayuda de una manga pastelera, o una cucharilla, si no tenéis una manga.

5. Colad el caldo y meted 3 litros en una olla, ponedla en el fuego y cuando empiece a hervir añadid la sopa rellena; dejadla cocer unos 20 minutos y rectificad de sal y pimienta.

Marga Coll

Nacida en Selva, el año 1976.

El 1994 obtiene el título de maestra especialista en cocina, en la primera promoción de la Escola d'Hosteleria de la UIB.

El 1995 trabaja durante toda la temporada de verano en el restaurante Cavall Bernat, en Cala Sant Vicenç.

El 1996, en el restaurante Can Quet, en Deià.

El 1997, en el restaurante Cas Puers, en Sóller.

Del 1998 al 2002, compatibiliza el trabajo en el agroturismo Can Penya, en Sóller, con la beca de la UIB para informatizar recetas antiguas mallorquinas, adaptarlas a la actualidad y ponerlas en práctica.

El 2001, entre en amadip.esment, para dar un curso de formación. Pasa a ser la jefa de cocina del restaurante Es Pes de sa Palla (2003); después asciende a directora de producción (2004), y el año 2006 ya es directora del departamento de restauración de la entidad.

En este periodo, compatibiliza el trabajo en amadip.esment con la impartición de diferentes cursos de cocina (algunos de los cuales organizados por IFES y financiados por la Conselleria de Treball, y otros organizados por el Ayuntamiento de Calvià).

Aun así, llega un momento en que Marga prácticamente nunca cocina, sino que se dedica solo a tareas de dirección. Y añora cocinar.

Es entonces cuando acaba de darle forma a un proyecto que siempre había estado allí, esperando el momento adecuado.

En la casa de su familia, donde ella había nacido, se hacen una serie de reformas para transformar la planta baja en un pequeño restaurante. El día 31 de marzo de 2012 se sirve la primera cena en el Miceli.

Empieza como un restaurante con una oferta muy especial. Sin carta, sirviendo un menú diferente cada día. Marga va al mercado de Inca a diario, compra lo que más le gusta, y con aquellos ingredientes prepara el menú de aquel día.

Durante los primeros meses, el restaurante funciona solo con Marga en la cocina y un camarero entre semana, dos los fines de semana, en un pequeño comedor con un máximo de seis mesas o veinte comensales.

El boca a boca funciona prácticamente desde el primer día. Miceli crece poco a poco, pero manteniendo su modelo de funcionamiento. Hoy en día, trabajan diez personas de servicio, y acoge hasta 35 personas, o diez mesas.

En abril de 2016, abre Arrels (by Marga Coll), restaurante ubicado en el hotel Gran Melià de Mar, inspirado en el mismo modelo de funcionamiento que el Miceli. Recetas creadas en el Miceli, productos de temporada, tomando la cocina tradicional como base y revisándola desde una perspectiva moderna.

En diciembre de 2018, abre La barra de Miceli. Una barra en el mercado de Inca, donde todo empieza cada mañana. La misma filosofía de Miceli. Oferta basada en producto de temporada comprado en el mismo mercado.

Tomeu Pinya

(Palma, 1982) es dibujante y guionista de cómic.

Ha publicado entre otros *Un Pueblo Blanco: el bar del barbudo* (Planeta, 2009), que ganó el premio popular Autor Revelación del Salón del Cómic de Barcelona, y *La marea de San Pedro* (Astiberri, 2010), nominada a mejor guión en el Expocómic de Madrid. Coordinó la publicación colectiva *Yes, We Camp!* (Dibbuks, 2011) sobre el 15-M y dibujó *Adaptación* (Ed. De Ponent, 2013) con guión de Josep Busquet. También se encargó de la adaptación de la reconocida novela *La Catedral del Mar*, de Ildefonso Falcones (Random House, 2018) con guión de Pilar Alonso. Acaba de publicar *Loquios* (Dolmen, 2023) adaptando la obra de teatro *Loquis* de Neus Nadal.

Actualmente prepara su siguiente proyecto, *Posturismo*, con guión de Alejandro Pérez y Ángel Pazos.